Malen und Stickern

Pferde und Ponys

Illustrationen: Rebecca Finn

Gestaltung: Kasia Dudziuk und Claire Ever
Text: Fiona Patchett und Jessica Greenwell
Fachliche Beratung: Rosie Dickins

Die Sticker findest du in der Mitte des Buches.

Bei den Stallungen

Hier bereiten sich die Reiter und Ponys auf ihren Ritt ins Grüne vor. Wo könntest du die Aufstiegshilfe hinstellen?

Über die Felder

Draußen auf den Feldern gibt es viel Platz zum Kantern und Galoppieren. Wo könntest du ein galoppierendes Pony hinkleben?

Die Reiterspiele

Diese Ponys und ihre Reiter treten in Turnieren gegeneinander an, um ihr Können unter Beweis zu stellen. Wo könnte die Schiedsrichterin stehen?

In der Sattelkammer

Sättel, Zaumzeuge und Reiterhelme werden in der Sattelkammer verstaut. Fülle die Regale mit Reitzubehör und stelle noch mehr Trophäen auf.

Im Stall

Ponys brauchen Futter, Wasser und sauberes Einstreu im Stall. Finde einen passenden Platz für die Stute und ihr Fohlen.

Das Westernreiten

Westernreiter sitzen auf großen Sätteln mit langen Steigbügeln. Meist halten sie die Zügel nur in einer Hand. Klebe sie in die Szene ein.

Das Springreiten

Die Ponys und ihre Reiter überwinden einen Parcours aus Hindernissen. Klebe ein paar Ponys ein, die über die Stangen springen.

Sattle dein Pony

Wähle einen Sattel, Zaumzeug und anderes Zubehör aus, um dein Pony auf einen Ausritt vorzubereiten.

Bei den Stallungen (Seite 2–3)

die Ponys in den Ställen

ein Pony füttern

der Wassertrog

Der Hufschmied beschlägt ein Pony.

ein Pony führen

eine Aufstiegshilfe benutzen

Über die Felder (Seite 4–5)

das Galoppieren

das Kantern (der Handgalopp)

Die Reiterspiele (Seite 6–7)

die Schiedsrichterin

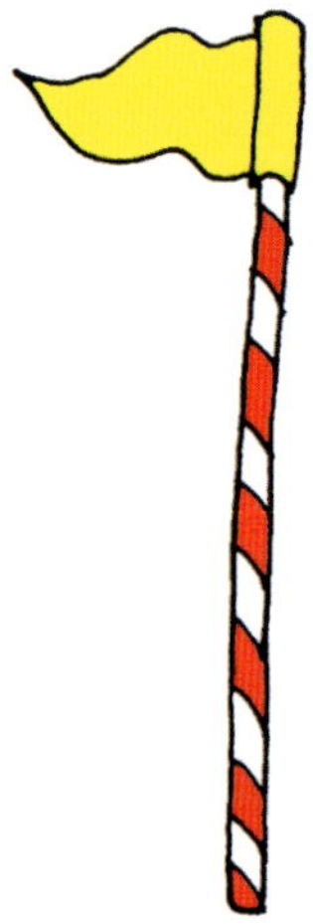

der Staffellauf

das Ball-und-Kegel-Rennen

das Polbiegen

In der Sattelkammer (Seite 8–9)

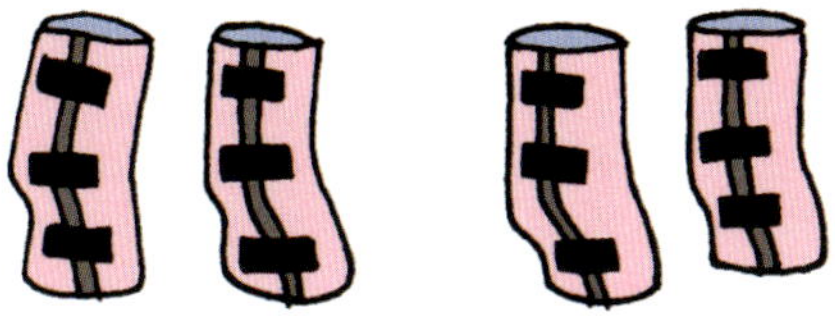

die Gamaschen

der Sattel

das Halfter

die Trophäen

die Führstricke

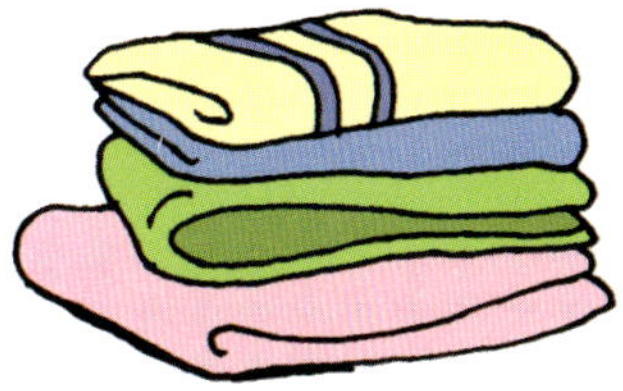

die Pferdedecken

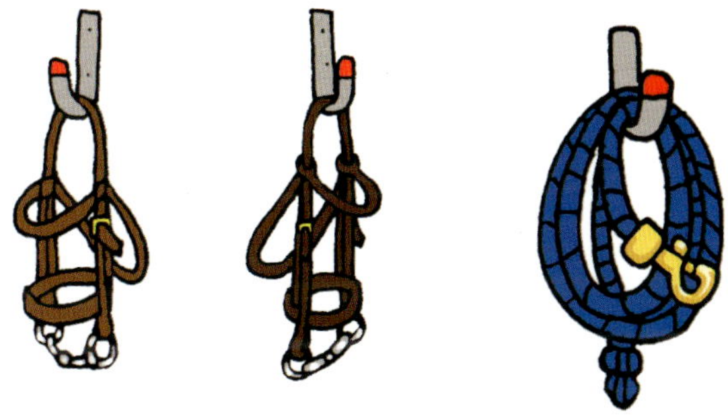

die Zaumzeuge

der Frack

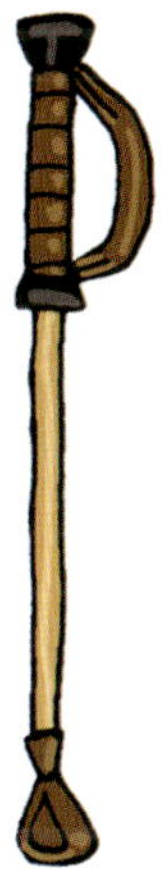

die Gerte

die Schutzweste

die Handschuhe

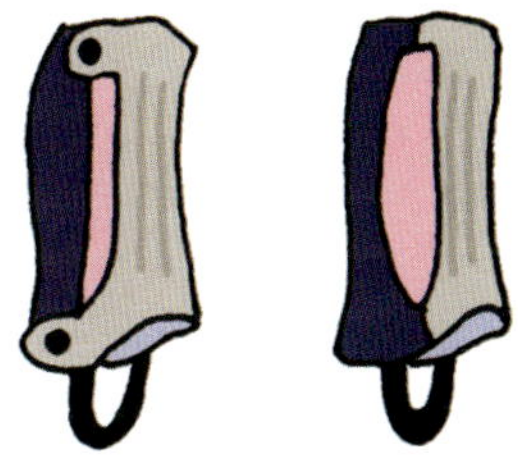

die Reitchaps

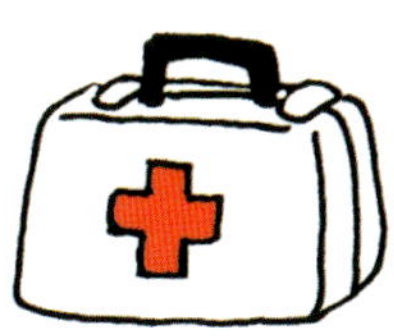

die Reithelme

die Reitstiefel

Im Stall (Seite 10–11)

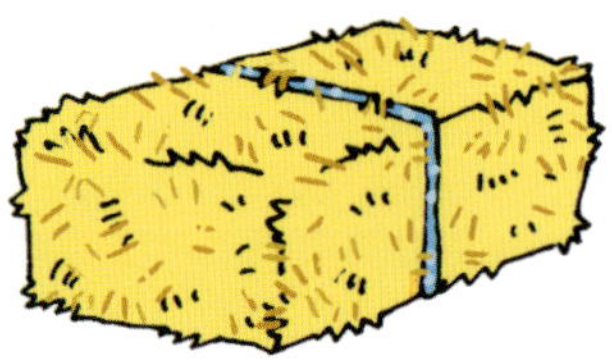

die Stute und ihr Fohlen

das Ausmisten

Das Westernreiten (Seite 12–13)

ein Lasso schwingen

das Galoppieren

der Schritt

das Überreiten von Stangen im Trab

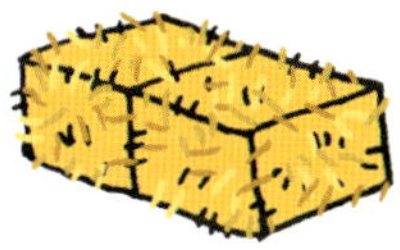

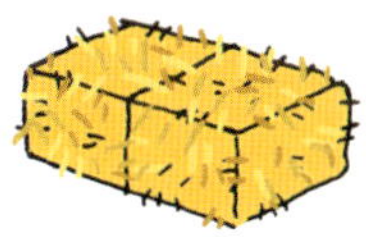

Das Springreiten (Seite 14–15)

Sattle dein Pony (Seite 16)

die geflochtenen Zöpfe

der Schweifschutz

das Zaumzeug

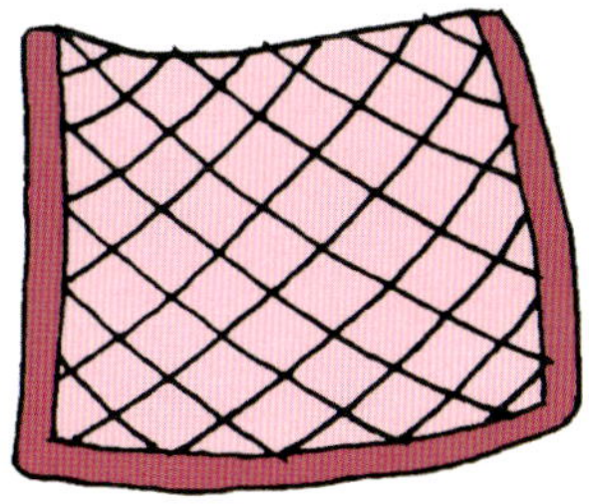

die Pferdedecke

die Turnierschleife

der Sattel

die Schleifen

das Lasso

das Zaumzeug für Westernpferde

der Westernsattel

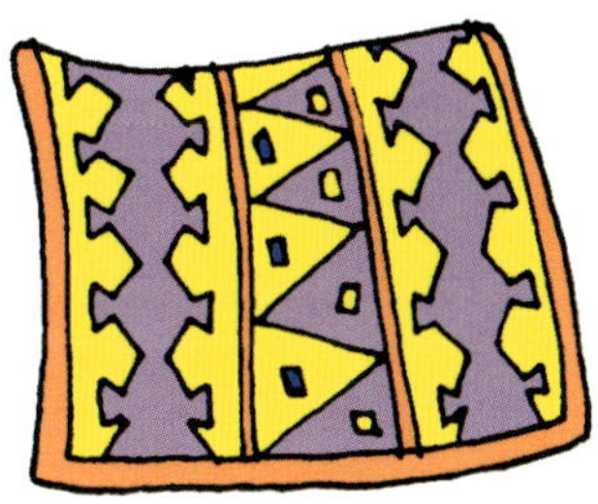

die Decke für Westernpferde

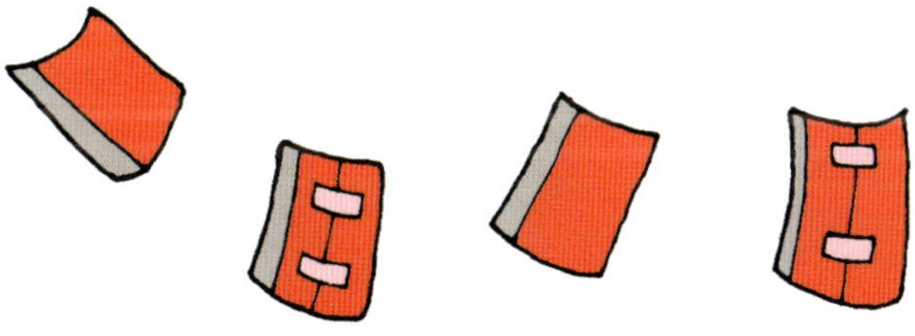

die Sehnenschoner

die Hufglocken

Diese Sticker kannst du überall im Buch aufkleben.

Verwende diese Sticker für das Mädchen und das Pferd auf Seite 26 und 27.

der Reithelm

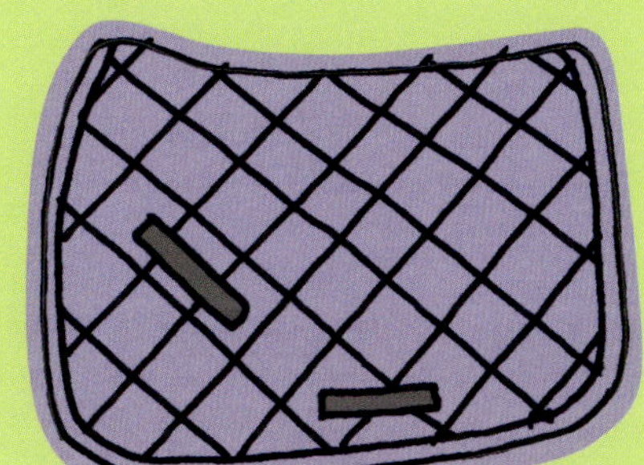

die Schabracke

die Reitstiefel

der Sattel

die Schleifen

der Schweif-schutz

die Bandagen

Malbuch

In diesem Teil des Buches gibt es jede Menge Pferde und Ponys zum Ausmalen.

Es gibt auch Sticker, die du auf die Seiten kleben kannst. Du findest sie auf dem letzten Stickerbogen in der Buchmitte.

Pferde & Ponys

Auf dieser Seite sind verschiedene Pferde- und Ponyrassen dargestellt. Kannst du sie ausmalen?

Englisches Vollblut

Paint Horse

Lipizzaner

Shetland-pony

Hier findest du Vorschläge für Fellfarben und -muster.

Falabella
Appaloosa
Araber
Kaltblut „Shire Horse"
Welsh-Pony

Die Fütterung

Hier bekommen die Ponys etwas zu fressen und zu trinken. Manchmal gibt es zur Belohnung einen leckeren Apfel.

Elvis
Sternchen
Flocke

Vorbereitung auf das Turnier

Vor dem Turnier müssen die Pferde gestriegelt und gebürstet werden. Male sie so aus, dass sie besonders hübsch aussehen.

Französischer Zopf
Netz
Knoten
Bandagen
Schweifzopf

Dies sind lauter Dinge, die ein Pony benötigt. Kannst du sie ausmalen?

Diese Dinge benötigt ein Reiter. Male auch sie aus.

Beim Turnier

Diese Pferde sind auf dem Turnierplatz angekommen. Jetzt beginnen die letzten Vorbereitungen.

Benutze die Sticker auf dem letzten Bogen, um dieses Mädchen und ihr Pferd für das Turnier fertig zu machen.

Beim Springreiten

Was für ein spannendes Turnier! Male die Bilder aus, die dabei entstanden sind.

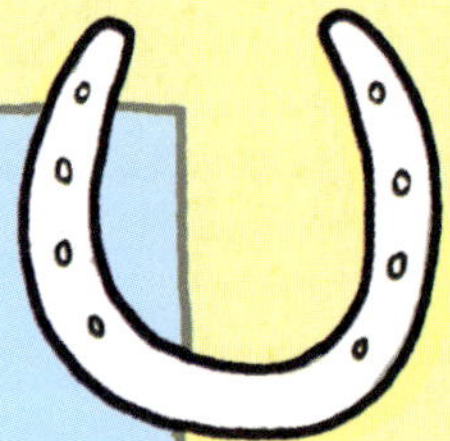

Auf der Koppel

Die Pferde müssen manchmal warm eingepackt werden, wenn sie auf der Koppel sind. Bemale ihre Decken und verziere sie mit hübschen Mustern.

Die Preisverleihung

Auf Turnieren können Ponys und Pferde Rosetten und Pokale gewinnen. Male diese hier schön bunt aus.